¿QUÉ SON LOS INVERTEBRADOS MARINOS?

JULIA J. QUINLAN

Britannica®
Educational Publishing

IN ASSOCIATION WITH

ROSEN
EDUCATIONAL SERVICES

Published in 2017 by Britannica Educational Publishing (a trademark of Encyclopædia Britannica, Inc.) in association with The Rosen Publishing Group, Inc.
29 East 21st Street, New York, NY 10010

Distributed exclusively by Rosen Publishing.
To see additional Britannica Educational Publishing titles, go to rosenpublishing.com.

First Edition

Britannica Educational Publishing
J.E. Luebering: Executive Director, Core Editorial
Mary Rose McCudden: Editor, Britannica Student Encyclopedia

Rosen Publishing
Nathalie Beullens-Maoui: Editorial Director, Spanish
Ana María García: Editor, Spanish
Alberto Jiménez: Translator
Jacob R. Steinberg: Editor
Nelson Sá: Art Director
Brian Garvey: Designer
Cindy Reiman: Photography Manager
Karen Huang: Photo Researcher

Library of Congress Cataloging-in-Publication Data

Names: Quinlan, Julia J., author.
Title: What are sea invertebrates? / Julia J. Quinlan.
Description: First edition. | New York, NY : Britannica Educational
  Publishing in association with Rosen Educational Services, 2017. | Series:
  Let's find out! Marine life | Includes bibliographical references and
  index.
Identifiers: LCCN 2016029697 | ISBN 9781508105084 (library bound) |
  ISBN 9781508105060 (pbk.) | ISBN 9781508105077 (6-pack)
Subjects: LCSH: Marine invertebrates—Juvenile literature.
Classification: LCC QL365.363 .Q46 2016 | DDC 592.177—dc23

Manufactured in China

Photo credits: Cover, p. 1, interior pages background image Christopher Gardiner/Shutterstock.com; pp. 4, 28 Encyclopædia Britannica, Inc.; p. 5 Mana Photo/Shutterstock.com; p. 6 Alexander Rieber/EyeEm/Getty Images; p. 7 Kondratuk A/Shutterstock.com; p. 8 Dario Sabljak/Shutterstock.com; 9 © Richard Carey/Fotolia; p. 10 prochasson frederic/Shutterstock.com; p. 11 maikbrand/Shutterstock.com; p. 12 Richard A. McMillin/Shutterstock.com; pp. 12–13 Christian Darkin/Science Source; pp. 14–15 © Digital Vision/Getty Images; p. 15 © Corbis; pp. 16–17 Heinrich van den Berg/Gallo Images/Getty Images; p. 17 Sharon Eisenzopf/Shutterstock.com; p. 18 © Comstock/Thinkstock; pp. 18–19 Bodil Bluhm and Katrin Iken—NOAA/Census of Marine Life; p. 20 NatureDiver/Shutterstock.com; p. 21 Ingrid Maasik/Shutterstock.com; p. 22 Dennis Sabo/Shutterstock.com; p. 23 Danita Delimont/Gallo Images/Getty Images; p. 24 KGrif/iStock/Thinkstock; p. 25 Alex Robinson/AWL Images/Getty Images; p. 26 Neil Overy/Gallo Images/Getty Images; pp. 26–27 Danté Fenolio/Science Source; pp. 28–29 Roberta Olenick/All Canada Photos/Getty Images.

CONTENIDO

¿Qué es un invertebrado marino?

Un *invertebrado* es un animal sin columna vertebral; el que sí la tiene se llama *vertebrado*. Los humanos, los perros y las ballenas son ejemplos de vertebrados. Los gusanos, las abejas y los caracoles lo son de invertebrados. Estos viven en cualquier lugar del mundo. En realidad, la mayor parte de los animales de la Tierra son invertebrados;

Invertebrates

jellyfish

sponge

snail

scallop

flatworm

starfish

spider

shrimp

Esponjas, platelmintos, medusas, estrellas de mar, arañas, gambas, caracoles o vieiras son solo algunas de las muchas clases de invertebrados.

Los pulpos están entre los invertebrados más listos.

entre ellos hay gran variedad de formas y tamaños.

El invertebrado marino es un invertebrado que vive en el mar. Hay muchos grupos distintos de invertebrados en los océanos y mares del mundo. Entre sus características se encuentran tentáculos urticantes, piel espinosa, cuerpos blandos o exoesqueleto. Algunos, como las esponjas, meras masas de células especializadas, son muy simples. Otros, como los pulpos, son más complejos. Estos pueden cambiar rápidamente el color de su piel, y han sido vistos utilizando herramientas.

COMPARA Y CONTRASTA

Como ya sabes unas cuantas cosas de los vertebrados y de los invertebrados, prepara una lista de semejanzas y otra de diferencias.

Pulpos

Los pulpos están en un grupo de invertebrados llamado *moluscos*, al que también pertenecen los calamares, las almejas y las ostras. Hay más de 150 especies de pulpos viviendo en los océanos. Se considera que son los invertebrados más inteligentes.

Disponen de ocho tentáculos y de cuerpos blandos y abolsados con cabezas provistas de grandes ojos. Sus largos y esbeltos tentáculos

Aquí ves las filas de ventosas en la parte inferior del tentáculo de un pulpo.

CONSIDERA ESTO:

Los pulpos tienen ocho tentáculos. ¿Se te ocurre algún otro animal con ocho brazos u ocho patas?

El pulpo gigante del Pacífico es la especie de pulpo mayor y más longeva. El más grande encontrado pesaba 272 kilos (600 libras).

se mueven en todas direcciones. Cada uno de los tentáculos tiene dos filas de ventosas circulares con gran poder de sujeción. El tamaño de los pulpos es muy variado. Los más pequeños miden solo unos 5 centímetros (2 pulgadas) de largo. Los más grandes alcanzan 5.5 metros (18 pies) de largo y una envergadura de 9 metros (30 pies).

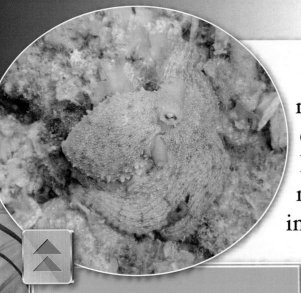

Los pulpos cambian rápidamente de color en función de su humor o del entorno. Pueden colorearse de gris, marrón, rosa, azul o verde, o incluso rojo chillón si se asustan.

Suelen arrastrarse por el fondo marino en busca de comida, sobre todo de cangrejos y langostas. Son cazadores expertos capaces de atacar a grandes presas, hasta tiburones.

Si están en peligro, expulsan un chorro de agua que los lanza hacia atrás a gran velocidad, o una nube de tinta que confunde al enemigo o daña sus órganos sensoriales. Con esto dificultan que el depredador los persiga. Además, su cuerpo blando les permite deslizarse por sitios muy

Los pulpos son maestros del disfraz. Se confunden con su entorno para protegerse y acechar a sus presas.

VOCABULARIO

Un **depredador** es un animal que vive de matar y comer otros animales.

El pulpo diurno vive en aguas tropicales, desde Hawái a África Oriental. ¡A diferencia de la mayoría de sus congéneres, el pulpo diurno caza de día!

estrechos por donde es imposible seguirlos.

La hembra del pulpo pone los huevos en agujeros o debajo de rocas, y los cuida de cuatro a ocho semanas. Después de la eclosión, la cría flota a la deriva varias semanas antes de bajar al fondo marino.

Medusas

Las medusas son también invertebrados pero de otra clase. Su cuerpo blando y gelatinoso carece de huesos. Pertenecen a un grupo de animales llamados *cnidarios*, clase que engloba unas 200 especies de medusas. Habitan en todos los océanos, la mayoría cerca de la superficie.

Vocabulario

Los **cnidarios** son un grupo de animales que incluye medusas, corales y anémonas de mar. Todos disponen de cápsulas urticantes.

Las medusas se dejan llevar por las corrientes oceánicas, aunque algunas se desplazan en contra de esas corrientes.

Existen desde hace cientos de millones de años.
¡incluso antes de que los dinosaurios
dominaran la Tierra!

Las medusas típicas
tienen forma de
paraguas abierto. El
tamaño de algunas
es tan pequeño
que apenas se ven;
otras miden más
de 2 metros (6
pies) de diámetro.
La especie más
grande es la medusa
melena de león,
cuyos tentáculos
se prolongan en
ocasiones hasta 36.5
metros (120 pies).

La medusa melena de león vive en las
aguas frías del Ártico, en el Atlántico
Septentrional y en el Pacífico Norte.

Hay medusas transparentes, blancas, marrones, rosas, azules o granates. Algunas son luminiscentes, es decir, emiten luz. Otras tienen ojos alrededor del borde del cuerpo; su boca y su estómago están

Las medusas luna son criaturas blancas y delicadas, que pueden vivir en un amplio rango de temperaturas.

en el centro de este. Las medusas nadan contrayendo los músculos de la porción inferior del cuerpo.

Las medusas presentan de pocos a muchos tentáculos. Los finos recorren el borde del cuerpo; los más grandes (cuatro o más) cuelgan del centro del cuerpo, por debajo de la boca. Los tentáculos están cubiertos de células urticantes que fabrican veneno, cuya inoculación aturde a animales

COMPARA Y CONTRASTA

¿Qué tienen en común las medusas y los pulpos? ¿En qué se diferencian?

pequeños que luego devoran. No obstante, la mayoría de las medusas se alimentan de diminutos animales conocidos como *plancton*.

Algunas son muy peligrosas para los humanos. Hasta una picadura pequeña de la medusa llamada *avispa* marina puede matar a una persona en pocos minutos. Las medusas no atacan a los humanos a propósito, ya que las picaduras se producen de forma accidental cuando las tocamos.

La picadura de la avispa de mar puede ser letal para los humanos, pero hay criaturas inmunes a ella.

CORALES

Los corales viven en todos los océanos, algunos en enormes colonias llamadas *arrecifes*. De estas, la mayor es la Gran Barrera de Coral, en la costa de Australia. Los arrecifes de coral dan refugio a muchos otros animales y plantas.

El cuerpo del coral, el pólipo, se adhiere a una superficie. Los pólipos miden de 1 milímetro (0.04 pulgadas) a 25 centímetros (10 pulgadas) de ancho. En su extremo superior está la boca, rodeada de tentáculos que

Hay corales de muy distintos tonos. Son muchos los peces que viven en sus proximidades, ya que los protegen.

paralizan a las presas antes de llevarlas a la boca.

Su esqueleto es externo o interno. Los corales pétreos tienen un duro esqueleto externo compuesto por un mineral llamado *carbonato de calcio*.

Los corales se reproducen mediante huevos, que se convierten en criaturas diminutas llamadas *plánulas*, y estas a su vez en pólipos. También pueden reproducirse por gemación; una gema es un nuevo pólipo que se desarrolla sobre el cuerpo de un pólipo adulto. Algunos tipos de corales viven cientos de años.

CONSIDERA ESTO:

Los arrecifes de coral se llaman también *selvas del mar*. ¿A qué crees que se debe?

Los tentáculos de este coral se extienden hacia fuera en busca de alimento. En el centro, la boca.

15

ANÉMONAS DE MAR

Las anémonas de mar parecen flores, pero son animales; sus «pétalos» son, en realidad, tentáculos. Como las medusas y los corales, las anémonas de mar los utilizan para capturar alimento: camarones, peces y otros animales pequeños. Pueden ser rojos, amarillos, verdes, azules, naranjas, marrones, blancos o de varios colores. Hay más de 1,000 especies de anémonas de mar.

Su cuerpo blando, compuesto en su mayor parte por agua, puede ser grueso y corto, o largo y esbelto. Su diámetro varía de 2.5 centímetros (una

CONSIDERA ESTO:

Una clase de cangrejo ermitaño suele llevar una o más anémonas de mar en el dorso. ¿Por qué crees que esto lo ayuda?

pulgada) a unos 1.5 metros (5 pies).

Casi ninguna anémona de mar se mueve, aunque algunas se deslizan

Ciertas anémonas marinas forman grupos, como estas que viven en la costa de Oregón.

o nadan lentamente. Suelen adherirse a superficies duras, como rocas, conchas o el dorso de un cangrejo. Algunas flotan cerca de la superficie oceánica y otras se entierran en la arena o el fango.

Las anémonas marinas se pueden encontrar en todos los océanos del mundo. Este ejemplar vive en las aguas de Sudáfrica.

Estrellas de mar

La mayoría de las estrellas de mar presentan cinco brazos, por lo que parecen estrellas celestes. Hay unas 1,800 especies y sus colores son muy variados. Suelen medir de 20 a 30 centímetros (8 a 12 pulgadas) de diámetro.

Sus brazos están huecos y cubiertos de espinas. Si pierden uno, les crece de nuevo. Se mueven utilizando sus cientos de pies tubulares, casi siempre acabados en ventosas, de su parte inferior.

Los brazos de las estrellas de mar son gruesos o delgados. Esta se halla sobre otro tipo de invertebrado marino, el coral.

COMPARA Y CONTRASTA

Para alimentarse, las estrellas de mar se sirven de sus pies tubulares y las medusas de sus tentáculos. ¿En qué funcionan de forma similar los pies y los tentáculos? ¿En qué se diferencian al capturar presas?

Muchas estrellas de mar viven en aguas cálidas. La estrella de mar ártica, sin embargo, habita las gélidas aguas del océano Ártico.

La mayoría se alimenta de almejas, ostras y caracolas, arrancando previamente las conchas de las más grandes mediante sus pies tubulares. Algunas arrastran la comida hacia la boca, otras sacan el estómago para capturar la presa y otras se la tragan entera.

Erizos de mar

Los erizos de mar pertenecen al grupo de animales llamado *equinodermos*. Estos erizos con aspecto de alfileteros esféricos están cubiertos de largas púas móviles que los ayudan a desplazarse lentamente y a mantener alejados a los enemigos. Viven en todos los océanos, salvo en los de las regiones polares. Se encuentran en el

El erizo marino rojo se encuentra en el océano Pacífico. Esta especie suele vivir cerca de la costa.

fondo del mar, normalmente sobre superficies duras.

Su color suele ser rojo o morado. Algunos miden menos de 2.5 centímetros (una pulgada) de diámetro y otros alcanzan 36 centímetros (14 pulgadas). Las púas llegan en ocasiones a los 30 centímetros (12 pulgadas) de largo.

Presentan un esqueleto interno del que salen las púas, que suelen ser venenosas.

Como las estrellas, los erizos de mar disponen de pies tubulares para agarrar la comida y llevársela a la boca. Se alimentan sobre todo de materia vegetal.

El aspecto exterior de los erizos de mar es el de pequeñas bolas. En la cocina japonesa, la parte comestible de un erizo de mar se llama *uni*.

Esponjas

Las esponjas son animales extraordinarios. Su cuerpo carece de los órganos que tienen casi todos los demás animales, y ni siquiera se mueven, sino que se adhieren a una roca o a un arrecife de coral.

Durante mucho tiempo se pensó que eran plantas, pero los científicos vieron que se trataba de animales tras observar cómo absorbían alimentos. Hay cerca de 5,000 especies de esponjas. La mayoría vive en el océano, salvo las de agua dulce. Hay de muchas formas, tamaños y colores. Algunas son del tamaño de una alubia y otras del de una persona. Pueden ser

Encontramos esponjas en todo el mundo. Estas, llamadas *dedo rojo*, en un arrecife de coral en Belice.

CONSIDERA ESTO:

Las esponjas permanecen adheridas a superficies duras, como rocas o arrecifes de coral. ¿Qué otro invertebrado marino se pega a superficies duras y apenas se mueve?

En este primer plano, puedes ver los diminutos agujeros por los que las esponjas absorben el agua.

Pueden ser suaves y blandas, o duras y ásperas.

Su cuerpo es una masa blanda de células sostenida por un esqueleto. El agua, de la que obtienen oxígeno y alimento, llega a su interior a través de los diminutos agujeros o poros que hay en la capa externa de su piel mediante un proceso de absorción.

CANGREJOS

Los cangrejos son miembros de un grupo de animales llamado *crustáceos*. Hay unas 4,500 especies. La mayoría vive en agua de mar o agua dulce, aunque algunos lo hacen en la tierra. Tienen una cubierta dura llamada *exoesqueleto* y cinco pares de patas. El primer par de

El duro exoesqueleto del cangrejo protege su interior blando. También se sirve de las pinzas de su primer par de patas para defenderse.

VOCABULARIO

Los **crustáceos** son un grupo de animales dotado de exoesqueleto y dos pares de antenas. Entre ellos se encuentran los cangrejos, las langostas y los camarones.

patas está rematado por grandes pinzas con las que comen y se protegen. La cola está enroscada debajo de su cuerpo.

Hay cangrejos de todos los tamaños. El cangrejo de los mejillones mide menos de 2.5 centímetros (una pulgada) de ancho; el cangrejo gigante de Japón, en el otro extremo, supera en ocasiones los 30 centímetros (un pie) de ancho y 4 metros (12 pies) de punta a punta de sus patas extendidas.

Las patas del cangrejo gigante japonés alcanzan 4 metros (12 pies) de pinza a pinza.

Casi todos los cangrejos comen materia muerta o en descomposición, aunque algunos se alimentan de materia vegetal y otros de pequeños animales vivos. Sus dos grandes ojos salen de la cabeza sujetos a tallos móviles situados por encima de dos pares de antenas. La boca está en la parte inferior de la cabeza.

CONSIDERA ESTO:

Los crustáceos tienen exoesqueleto, pero siguen siendo invertebrados. ¿Por qué crees que se considera que los crustáceos, como los cangrejos, son invertebrados?

Las hembras de todos los cangrejos, incluso los terrestres, ponen los huevos en el agua, pero los llevan

◄◄

Las larvas de los cangrejos flotan en el agua con el plancton y son arrastradas por las corrientes.

en el cuerpo hasta que eclosionan (se abren). Aunque algunas crías salen del huevo como adultos en miniatura, la mayoría son seres transparentes y sin patas que nadan en la superficie del agua. En este estado, el animal se denomina *zoea*. Después sufre un proceso llamado *metamorfosis*, durante el cual muda (cambia) varias veces su cubierta externa. Hacia el final del proceso, adquiere la forma adulta.

Los pálidos cuerpos de los cangrejos fantasma los camuflan mejor con la arena. Sus dos pinzas tienen medidas distintas.

IMPORTANCIA DE LOS INVERTEBRADOS

Los invertebrados marinos presentan multitud de tipos, formas, colores y tamaños. Algunos están dotados de tentáculos y otros de púas o pinzas. Lo que todos tienen en común, además de la falta de columna vertebral, es su importancia para sus ecosistemas. Cada animal de un ecosistema ayuda a mantenerlo en equilibrio.

La contaminación y el calentamiento global son amenazas para los invertebrados marinos. Las aguas sucias y más

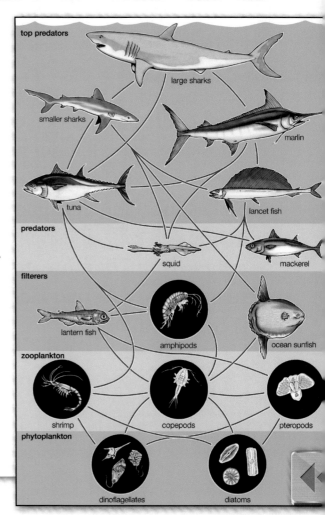

CONSIDERA ESTO:
Los invertebrados marinos juegan un importante papel en sus ecosistemas. ¿Qué crees que les pasaría a estos ecosistemas si no existieran?

Gran parte de la basura producida por los humanos termina en los océanos, lo que amenaza sus formas de vida.

calientes pueden provocar la muerte de los organismos del mar, e incluso dañar sus alimentos, dejándolos sin nada que comer.

Muchas personas los consumen, sobre todo langostas, cangrejos y erizos de mar. En consecuencia, la sobrepesca se ha convertido en un grave problema, tanto que ciertos países restringen las capturas.

Para conservar los invertebrados marinos y otros animales del mar, hay grupos que tratan de educar a la población y cambiar las políticas de los gobiernos. Con su ayuda, los invertebrados marinos se quedarán con nosotros millones de años más.

Todos los animales son parte de una cadena alimentaria, bien como presas o bien como depredadores de otros animales.

GLOSARIO

antenas Órganos sensitivos, delgados y móviles, de la cabeza de un artrópodo (como un insecto o un cangrejo) compuestos de varios segmentos.

aturdir Perturbar los sentidos por efecto de una sustancia o un golpe.

calentamiento global Predicción del aumento de la temperatura de la atmósfera y de los océanos a consecuencia de la contaminación ambiental.

carbonato de calcio Sustancia sólida que se encuentra en la naturaleza en forma de caliza o de mármol, así como en las cenizas vegetales, los huesos y las conchas, y se utiliza, sobre todo, para fabricar cal y cemento.

colonias Poblaciones de plantas o animales de un sitio particular que pertenecen a una determinada especie.

columna vertebral Esqueleto del tronco y de la cola de un vertebrado consistente en una serie de vértebras unidas para contener y proteger la médula espinal.

contaminar Ensuciar y hacer peligrosos o no aptos para su uso el agua, el aire o la tierra.

ecosistema Sistema compuesto por una comunidad de seres vivos que interactúan con el entorno, principalmente en condiciones naturales.

especie Categoría de seres vivos que se sitúa por debajo del género, se compone de individuos relacionados capaces de producir crías fértiles y se identifica con un nombre científico de dos partes.

envergadura Distancia entre los extremos de brazos, alas o tentáculos extendidos.

metamorfosis Cambio de la forma y las costumbres de algunos animales desde un estado primario (como renacuajo u oruga) a un estado adulto (como rana o mariposa).

moluscos Miembros de un extenso grupo de invertebrados (como caracoles, almejas y pulpos) de cuerpo blando sin segmentos y normalmente cubiertos por una concha que contiene calcio.

mudar Sustituir el pelaje, las plumas, la piel, la concha o la cornamenta por otros nuevos.

paralizar Hacer que otro sea incapaz de actuar, funcionar o moverse.

pinza Apéndice de dos piezas (como el de una langosta) que sirve para agarrar.

púas Pinchos o espinas que cubren a algunos animales o plantas.

sobrepescar Pescar en exceso cierto tipo de peces o en una cierta zona.

tentáculo Apéndice largo y flexible que sale alrededor de la cabeza o de la boca de un animal (como una medusa o una anémona de mar), y que sirve para palpar o agarrar.

transparente Cuerpo a través del cual se ven los objetos.

Para más información

Libros

Boothroyd, Jennifer. *Endangered and Extinct Invertebrates*. Minneapolis, MN: Lerner Publications, 2014.

Downer, Ann. *Smart and Spineless: Exploring Invertebrate Intelligence*. Minneapolis, MN: Twenty-First Century Books, 2016.

Housel, Debra J. *Incredible Invertebrates*. Huntington Beach, CA: Teacher Created Materials, 2012.

Magby, Meryl. *Sea Anemones*. New York, NY: PowerKids Press, 2013.

Moore, Heidi. *Interesting Invertebrates*. London, U.K.: Raintree, 2012.

Sitios web

Debido a la naturaleza cambiante de los enlaces de internet, Rosen Publishing ha desarrollado una lista en línea de sitios web relacionados con el tema de este libro. Este sitio se actualiza regularmente. Utiliza el siguiente enlace para acceder a la lista:

ÍNDICE